ISBN 978-3-89798-159-1

2. Auflage 2008

Einband: Christine Paxmann, München
Satz, Repro, Typografie: Lore Jacobi, Jesewitz
Druck: Klingenberg Buchkunst, Leipzig
Bindearbeiten:
Müller Buchbinderei GmbH Leipzig

Printed in Germany

www.buchverlag-fuer-die-frau.de

Frauen-Weisheit

Schriftstellerinnen
aus aller Welt
über den Sinn des Lebens

Zusammengestellt
und mit einem Vorwort versehen
von Barbara Brüning

BuchVerlag
für die Frau

Wer nicht lebt
ist selber schuld.

Eva Strittmatter

Inhalt

Auf den Spuren des Lebens

Die Frage nach dem Sinn des Lebens gehört zu den traditionellen Themen der internationalen Kulturgeschichte. Bereits in der Antike besangen Dichterinnen und Dichter das hohe Lied der Lebenskunst: Wie kann es Menschen gelingen, etwas aus ihrem Leben zu machen? Warum lohnt es sich überhaupt zu leben? Welche Rolle spielen Geburt und Tod im Labyrinth des Lebens? Wie kann ich mich im Dickicht der Schicksalsfäden zurechtfinden?
Die Frage nach dem Sinn des Lebens hat viele Facetten. Die wichtigsten, die auch der Idee die-

ses Buches zugrunde liegen, betreffen: mögliche Bausteine eines guten Lebens, die Frage nach dem Urgrund allen Daseins, die Erkenntnis, dass es auch sinnlose Augenblicke im Leben gibt, das Streben nach Vollkommenheit, das in dem Wunsch gipfelt, Spuren auf der Welt zu hinterlassen ...
Das gute Leben, das sich die Menschen ersehnen, hat nach Ansicht der Philosophin Hannah Arendt (1906-1975) damit zu tun, dass die Menschen tätig sind und tätig sein wollen. Sie greifen handelnd in die Welt ein, arbeiten, verändern und gestalten dadurch aktiv ihr Leben.

Die Dichterinnen und Schriftstellerinnen aus aller Welt charakterisieren dieses Tätigsein u.a. durch die Bausteine Gerechtigkeit, Tugend, gesunder Menschenverstand, Arbeit, Glück, Freiheit und Liebe. Und da das Leben verschiedene Stufen durchläuft, beginnen sie mit Kindheit und Jugend, wo noch alle Träume in den Himmel sprießen, durchlaufen dann die Phase der Selbstverwirklichung und resümieren abschließend über Alter, Zeit und Ewigkeit. Dabei kommen unterschiedliche Sichtweisen zum Ausdruck, was sich vor allem bei den islamischen Dichterinnen zeigt.

Eine zweite Facette betrifft die Frage nach dem Urgrund allen Seins. In der Philosophie wurde dieser Urgrund als das Eine und Unteilbare, das Ewige oder Göttliche bezeichnet. Begriffe wie Tao, Logos oder Gott drücken aus, dass das Leben irgendwo und irgendwann seinen Anfang genommen und dadurch einen festen Bezugspunkt hat, zu dem es in einem Kreislauf des Werdens und Vergehens zurückkehrt.

Der Urgrund allen Seins wird von den hier zitierten Dichterinnen und Schriftstellerinnen im Wesentlichen mit dem Göttlichen identifiziert, das auf der Welt seine Spuren hinterlässt. Der Mensch hat in gewissen Augenblicken seines Lebens Sehnsucht nach einem festen Grund und äußert den Wunsch nach Unsterblichkeit, um somit seinen Anteil am Ewigen geltend zu machen.

Nach vielen Stunden unermüdlichen Tuns gibt es manchmal auch Phasen der Ruhe und Stagnation im Leben. Krisensituationen wie Tod oder Krankheit lassen Menschen an der Sinnhaftigkeit ihres Daseins zweifeln. Das Leben erscheint ihnen öde und leer oder vom Schicksal gebeutelt.

Die Frage, ob das Leben in allen seinen Augenblicken immer einen Sinn hat, ist eine dritte Facette der Sinndiskussion. Die Dichterinnen und Schriftstellerinnen geben uns Einblicke in Momente des Alleinseins oder der unglücklichen Liebe. Aber solche Momente der Verzweiflung geraten in den Hintergrund, wenn wir uns vergegenwärtigen, dass wir Menschen im Leben eigentlich nach Glück und Vollkommenheit streben. So ist Simone de Beauvoir der Ansicht, dass der Mensch pflanzt, baut, erobert und liebt, aber immer wieder fragt „Und was dann?“

Dieses Fragen nach dem Sinn und Zweck des Daseins, nach dem Woher und Wohin menschlichen Lebens ist auch ein Dauerthema in der Literatur. Der Wunsch nach ewigem Leben und Unsterblichkeit beschäftigt die Menschen immer wieder aufs Neue.

Das vorliegende Büchlein präsentiert aphoristische Gedanken über den Sinn des Lebens und aus fast allen Kulturkreisen der Welt aus einem Zeitraum von ungefähr 2500 Jahren – die Sinnsuche ist so aktuell wie nie zuvor.

Herbst 2005

Kindheit ohne Sorgen?

Gut oder böse?

In keinem Säugling liegt ein Samenkorn, das ihn zu einem lieben oder bösen Menschen macht. Aus manchen wird etwas Gutes, aus manchen wird etwas Schlechtes. Besonders bei Kindern hängt alles von der Liebe ab.

Astrid Lindgren

Ratschlag für Kinder

Verdammt eure Eltern nicht, bevor ihr Vierzig seid.

Marina Zwetajewa

Noch ein Ratschlag für Kinder

Seid euren Eltern nicht allzu böse.
Denkt daran, dass sie einmal
Kinder waren und ihr einmal
Eltern sein werdet.

Marina Zwetajewa

Enttäuschte Erwartung

Väter haben niemals genau die Töchter, die sie sich wünschen, denn sie machen sich von ihnen eine ganz bestimmte Vorstellung und sind enttäuscht, wenn die Mädchen diesem Ideal nicht entsprechen.

Simone de Beauvoir

Das Lächeln der Kinder

Wenn ein kleines Kind lächelt,
kann das ansteckend wirken.
Auch Menschen mit harten
Gesichtern beginnen zu lächeln.

Astrid Lindgren

Mutterliebe

Wenn Frauen ihre Kinder lieben,
dann hängt das nicht mit dem
Fehler der Unbedarftheit
zusammen, sondern mit der
ihnen angeborenen Sanftmut.

Christine de Pizan

Trophäen der Mutterliebe

Dein zernähter Finger
ist ein heiliges Symbol,
der Dunst, der dem Waschkessel
entsteigt, ist der Weihrauch,
die Windeln, die du hinter dem
Ofen trocknest,
sind Trophäen der Mutterliebe.

Hedwig Dohm

Disziplin

Wenn man Kindern und Jugendlichen Disziplin beibringt, dann ist dies der erste Schritt für ein gutes Leben.

Christine de Pizan

Freiheitsdrang
Seit meiner Kindheit
fließt in meinem Blut
die Sehnsucht nach Freiheit
durch meine Adern.

Naval El Saadawi

Störende Erwachsene
Man erlebt in der Kindheit alles wie in einem Rausch. Und die Erwachsenen stören fortwährend.

Ruth aus

Maxie Wander: Guten Morgen, du Schöne

Kindheit und Jugend

Kindheit – Zeit blinder Wahrheit
Jugend – Zeit sehenden Irrtums,
der Illusion.
Nach der Jugendzeit sollte
keiner beurteilt werden.

Marina Zwetajewa

Alle Lebensphasen vereinen

Wäre ich immer ein Kind
geblieben, dann hätte ich
doch keine eigenen Kinder haben
können.
Man muss doch alle Lebensphasen
miteinander vereinen.

Astrid Lindgren

Vertrauen schenken

Gut haben es eigentlich nur Kinder, deren Eltern sich um sie kümmern und ihnen Vertrauen mit auf den Lebensweg geben.

Astrid Lindgren

Kinder

Ich denke an euch niemals einzeln: Ich finde stets, dass ihr Menschen oder Un-Menschen seid – wie wir. Aber es wird gelobt, dass es euch gibt, dass ihr eine besondere Gattung seid, die sich noch beeinflussen lässt.

Marina Zwetajewa

Staunen
Für Kinder ist alles neu,
sie können über die Schönheit
des Lebens staunen.

Astrid Lindgren

Wie im Märchen
Nur einmal im Leben kann der
Mensch wie im Märchen leben,
und das ist die Kindheit.

Steffi aus
Maxie Wander: Guten Morgen, du Schöne

Das eigene Selbst
Jugend ist: Inniges, unzerstreutes
Empfinden des eigenen Selbst.

Bettina von Arnim

Rat für meine Tochter

Betrachte das Leben,
betrachte dein Leben.
Es gibt eine Welt für dich
zu entdecken und zu entwickeln.
Du kannst dein Leben
selbst bestimmen.

Christine Aguga

Zu sich selbst finden

Lebenssinn

Der einzige Sinn ist:
entschlossen zu leben, einander
so hilfreich wie möglich zu sein,
gemeinsam die irdischen Lasten
zu heben und uns von der Furcht
vor dem Tod zu befrein.

Eva Strittmatter

Leben

Leben heißt entdecken,
leben heißt tätig sein.

Christine Aguga

Hoffnung

Hoffnung ist die Revolution
im Leben.

Naval El Saadawi

Balsam

Gedichte sind Balsam
auf Unerfüllbares im Leben

Karoline von Günderode

Die Macht der Worte

Wenn Worte wollen, brennt auch
das Eis.

Eva Strittmatter

Maßstäbe
Der Maßstab, den wir an die Dinge legen, ist das Maß unseres eigenen Geistes.

Marie von Ebner-Eschenbach

Schreiben als Isolation
Schreiben ist ein sehr persönliches Unterfangen, das einen in die Isolation führen und dazu bringen kann, sich von der Bühne des Lebens zurückzuziehen.

Naval El Saadawi

Schreiben

Ich schreibe, um das Leben auszuhalten.

Virginia Woolf

Juwel im Leben

Das Schreiben war stets das Wichtigste in meinem Leben, wichtiger als die Ehe und wichtiger als die Medizin.

Naval El Saadawi.

Träumen

Das sind einmalige Augenblicke: still sitzen, nichts reden, an nichts denken müssen, nur träumen…

Gudrun aus

Maxie Wander: Guten Morgen, du Schöne

Visionen
Schriftsteller müssen eine Vision haben.
Wenn die Vision nicht tief genug ist, sind die Worte flach.

Gertrude Stein

Schweigen
Schweigen kann zwar bedrückend sein, aber nie langweilig.

Virginia Woolf

Kämpfen

Man muss kämpfen!
Nichts durchgehen lassen!
Vor allem gegen uns selbst nicht.

Simone de Beauvoir

Lebensmut

Zu leben und möglichst nicht gar zu sehr gegen den eigenen Strich zu leben, das heißt zu arbeiten und ein paar Leute daran teilhaben zu lassen, ist die einzige Art von Tapferkeit, die ich heute sehe.

Christa Wolf

Sich selbst erkennen

Jeder soll neugierig sein auf sich selber und soll sich zu Tage fördern wie aus der Tiefe ein Stück Erz oder Quell.

Bettina von Arnim

Härter als das Leben

Die einzigen Menschen, die wirklich leben, sind härter als das Leben selbst.

Naval El Saadawi

Requisiten des Glücks

Drei Regeln für ein gutes Leben
Ein gutes Leben besteht aus
Lebensklugheit, Weisheit und
Umsicht bei den Dingen,
die man beginnen will.

Christine de Pizan

Gerechtigkeit
Die Gerechtigkeit ist das Streben
in der Vereinzelung untereinander
gleich zu sein.

Karoline von Günderode

Geld verschenken
Niemand zwingt einen, Geld zu
behalten.

Astrid Lindgren

Geben und nehmen

Das geliebte, süße Leben,
dieses Nehmen und dies Geben,
Wort und Sinn und Blick,
dieses Suchen und dies Finden,
dieses Denken und Empfinden
gibt kein Gott zurück.

Karoline von Günderode

Freiheit der Liebe

Liebe in Freiheit,
unter dem Himmel,
freie Liebe, heimliche Liebe,
nicht in Ausweisen vermerkt,
Wunder des Fremden.

Marina Zwetajewa

Tugenden

Gewissenhaftigkeit und Fleiß
sind Tugenden, ohne sie
geht es nicht.
Aber sie sind noch nicht alles im
Leben. Unbefangenheit und
Unternehmungslust sind ebenso
wichtig.

Eva Strittmatter

Freigebigkeit

Ich glaube an die Freigebigkeit.
Je mehr du gibst, desto mehr
wirst du von Gott gesegnet.

Christine Aguga

Leib und Seele
Wo die Seele anfängt,
endet der Leib.

Marina Zwetajewa

Lebenskunst
Peinliche Wahrheiten
sollte man übersehen.

Simone de Beauvoir

Requisiten des Glücks
Requisiten des Glücks:
Vollkommenes Vertraun
in die Güte des Menschen,
mit dem du lebst.

Eva Strittmatter

An die Menschen glauben
Man sollte schon deshalb nicht schlecht von den Menschen denken und sprechen, weil man selbst der Gattung angehört und ihre Fehler wie ihre Vorzüge teilt.

Eva Strittmatter

Arbeit
Arbeit ist eine Waffe gegen den kalten Wahnsinn.

Virginia Woolf

Kein Nachteil
Gesunder Menschenverstand hat einer Frau noch nie geschadet.

Christine de Pizan

Gemeinschaft

Unter Menschen kann ich sehr vergnügt sein, unter fünf bis sechs Personen.
Unter fünfzehn werde ich unaufmerksam gegen die beiden Nachbarn und habe immer das Gefühl, nicht auf dem richtigen Platz zu sitzen.

Ingeborg Bachmann

Himmel auf Erden

So viel die Erde Himmel sein kann, so viel ist sie es in einer glücklichen Ehe.

Marie von Ebner-Eschenbach

Macht

Macht ist notwendig,
denn ohne Macht geht verloren,
was rechtens ist.
Genauso wird Macht
ohne angewandtes Recht
zur Tyrannei.

Naval El Saadawi

Einfälle und Gedanken

„Du bist erbärmlich, du bist nichts“, sprach der Gedanke zum Einfall. Dieser erwiderte: „Ich möchte wissen, ob du dich irgendwo einfinden kannst, wo ich nicht früher gewesen bin.“

Marie von Ebner-Eschenbach

Was ich alles bin

Ich bin eine ziemlich gute Hausfrau
und eine ziemlich gute Gärtnerin
und eine ziemlich gute Stickerin
und eine ziemlich gute Sekretärin
und eine ziemlich gute Herausgeberin
und eine ziemlich gute Tierärztin
für Hunde
und immer soll ich alles
auf einmal sein
und ich finde es schwierig
obendrein noch eine
ziemlich gute Autorin zu sein.

Gertrude Stein

Freie Wahl

Geduld, Selbstlosigkeit, die altmodischen Tugenden die man den Frauen wie Handschellen anlegt. Jeder Mensch hat ein Recht auf sein eigenes Leben, sein Glück, die freie Wahl dessen, was er für sein Glück hält …

Brigitte Reimann

Selige Träume

Die seligen Träume kommen mir vor wie Liebestränke; sie betäuben, exaltieren und verrauschen dann.

Karoline von Günderode

Gesunder Menschenverstand

Manch einer wird sich eher für den gesunden Menschenverstand und gegen erlerntes Wissen als für umfassendes erlerntes Wissen und nur wenig gesunden Menschenverstand entscheiden.

Christine de Pizan

Sommerabend

Es wird Abend, aber die Luft ist noch lau. Dies ist einer jener ergreifenden Augenblicke, in denen Erde und Menschen so vollkommen miteinander harmonieren, daß es unmöglich ist, jemanden zu finden, der nicht glücklich ist.

Simone de Beauvoir

Frauen wollen alles

Ich will geliebt sein, oder ich will begriffen sein, das ist eins.

Bettina von Arnim

Ideal und Wirklichkeit

Darum sind die Frauen unglücklich, weil sie sein sollen, wie sie in Wirklichkeit nicht sind.

Hedwig Dohm

Kreative Pause

Manchmal sehne ich mich ein bißchen nach Alleinsein, ganz ungestört etwas ausspinnen können, aber das wird dem Alter vorbehalten bleiben.

Christa Wolf

Lebenszweifel

Wie leicht, wie klar, wie flüssig ist das Leben, wenn alles gut geht. Und wie undurchsichtig wird es, sobald man auf ein Hindernis stößt. Plötzlich entdeckt man, daß man nichts weiß, weder über sich selbst noch über die anderen. Wie sie sind, was sie denken, was sie tun und wie sie einen sehen.

Simone de Beauvoir

Frauen und Männer

Adam und Eva
Adam war nichts als ein roher
Entwurf.
Die Schöpfung des Menschen
ist Gott erst völlig gelungen
als er Eva erschaffen hat.

Simone de Beauvoir

Nicht ohne Liebe
Ich liebe es nicht,
trockne Blumen zu sehn
und Gläser, die leer sind…
Berühre mich nie
ohne Liebe.

Stanka Pencheva

Männern kein Vertrauen zeigen

Du bist eine Frohnatur,
hast ein Köpfchen voller Geigen.
Weine nicht und bleibe stur:
Männern kein Vertrauen zeigen!

Mögen sie dir Treue schwören
Oder gar zu Selbstmord neigen –
Sei's drum, lass dich nicht betören:
Männern kein Vertrauen zeigen!

Schenkst du ihnen nämlich
Glauben,
wirst du unter ihnen leiden:
Alles werden sie dir rauben –
Männern kein Vertrauen zeigen!

Marina Zwetajewa

Körper und Geist
Ein großer und starker Körper bedingt keineswegs einen tugendhaften und kraftvollen Sinn. Dieser beruht vielmehr auf einer natürlichen moralischen Stärke.

Christine de Pizan

Frauen als Spiegel
Frauen haben über Jahrhunderte hinweg als Spiegel gedient mit der magischen und köstlichen Kraft, das Bild des Mannes in doppelter Größe wiederzugeben.

Virginia Woolf

Viel

Was gibt es denn noch?
Zwei Augen, womöglich drei:
Sein Jochbein an meinem.
Die Gasthäuser
Nehmen das Dach ab,
die Pappeln
Das Laub, die Berge
Das Gras.

Sarah Kirsch

Ehe

Ich kann eine Ehe nicht als Beruf betrachten.

Virginia Woolf

Gesellschaft von Homosexuellen
Die Gesellschaft von Homosexuellen hat viele Vorteile, wenn man eine Frau ist. Sie ist ungekünstelt, sie ist ehrlich und gibt einem in mancher Hinsicht das Gefühl der Unbekümmertheit.

Virginia Woolf

Unterwürfigkeit
Keine Frau hat es nötig, dem Manne unterwürfig zu sein.

Virginia Woolf

Kampf in der Ehe
Nicht alle Ehen werden von
Kämpfen bestimmt.
Es gibt durchaus Eheleute,
die in großer Friedfertigkeit,
Liebe und Treue miteinander
leben.

Christine de Pizan

Verschleierter Verstand
Es ist für eine Frau
(genauso wie für einen Mann)
unmöglich ihre (seine)
Rechte zu kennen,
wenn ihr (sein) Verstand
verschleiert ist.

Naval El Saadawi

Über den Schleier

In diesem Schleier der Keuschheit,
der meine Stütze ist,
siehst du, dass der Eintritt für
Gäste – die Lüste! – schwierig ist.
Und unter dieser Hülle
bleibt stets das Haupt der Frau,
da deren Stoff ja gewoben
aus Keuschheit und Tugend ist.

Padisah Khatun

Gefährliche Intelligenz

Eine gescheite Frau hat Millionen geborener Feinde: alle dummen Männer.

Marie von Ebner-Eschenbach

Frauen langweilen mich
Mit Frauen bin ich höflich.
Sie langweilen mich tödlich,
und ich gebe ihnen
jeweils die Antworten,
die sie von mir wünschen.

Ingeborg Bachmann

Sich selbst treu bleiben
Liebe darf kein Verlustgeschäft
sein, bezahl nicht mit einem Teil
deiner Persönlichkeit.

Brigitte Reimann

Genie
Genie hat kein Geschlecht.

Germaine de Staël

Identität

Uns arabischen und muslimischen
Frauen ist bewusst, dass unsere
authentische Identität nur darin
bestehen kann, unseren Verstand
zu entschleiern und nicht darin,
unsere Gesichter zu verschleiern.

Naval El Saadawi

Unmögliche Institution

Die Ehe ist eine
unmögliche Institution.
Sie ist unmöglich für eine Frau,
die arbeitet und denkt
und selber etwas will.

Ingeborg Bachmann

Liebesfessel
Was Männer Liebe nennen,
ist einfach eine Fessel,
die Frauen an sie bindet.

Ono no Komachi

Frage an die Männer
Wo hat es jemals einen Ehemann
gegeben, der sich dermaßen
von seiner Frau beherrschen ließ
und es erduldete, sich
von ihr so viele abscheuliche
Beschimpfungen an den Kopf
werfen zu lassen, wie jene es den
Frauen nachsagen?

Christine de Pizan

Laster der Frauen

Es gibt für eine Frau kein abstoßenderes Laster als die Gefräßigkeit. Denn dieses Laster zieht verschiedene nach sich.

Christine de Pizan

Mütter haben Größe

Die Tochter heute ist die Mutter von morgen – denke du daran! Denn von den Müttern kommt gewisslich die Größe, die die Söhne ziert.

Parwin Etesami

Verleumdung
Alle Bosheiten, die allerorts über Frauen verbreitet werden, fallen letzten Endes auf die Verleumder und nicht auf die Frauen zurück.

Christine de Pizan

Unter Frauen
Was Frauen in ihren Küchen murrend und sich beklagend zu anderen Frauen sagen, oder was sie in ihrem Masochismus äußern, ist oft das letzte, was sie laut sagen würden – ein Mann könnte ja zufällig mithören.

Doris Lessing

Schauspielern
Man muss Männern wirklich immer was vorspielen, sonst verschreckt man sie.

Ruth aus
Maxie Wander: Guten Morgen, du Schöne

Die Eitelkeit der Männer
Wo wäre die Macht der Frauen, wenn die Eitelkeit der Männer nicht wäre.

Marie von Ebner-Eschenbach

Vorher und nachher
Die Ehe ist nur vor der Heirat angenehm.

George Sand

Selbstbewusstsein

Ein Mann kennt den Wert einer Frau nicht. Sie ist es, die ihren Wert bestimmt. Je höher du dich selbst bewertest, umso besser wird er erkennen, was du wirklich wert bist.

Naval El Saadawi

Macht der Gewohnheit

Die Liebe überwindet den Tod, aber es kommt vor, dass eine kleine üble Gewohnheit die Liebe überwindet.

Marie von Ebner-Eschenbach

Unverheiratete Frauen
Von keines Herdes Pflicht
gebunden,
meint jeder nur, wir seien grad
für sein Bedürfnis nur erfunden
das hilfsbereite fünfte Rad.

Annette von Droste-Hülshoff

Alte Geschenke nicht behalten
Wenn eine Liebe zerbricht,
sollte man alte Geschenke
nicht behalten.

Ono no Komachi

Älter werden

Auf das Leben hören

Wir kennen das Leben nicht,
bis wir es leben und auf das
hören, was es uns erzählt.

Christine Aguga

Jugend

Nicht umsonst berühr ich deine
Hände
So, als müsst ich
mich vom Liebsten trennen.
Reißt dich aus dem Herzen,
tust mir weh
Meine Jugend! Geh zu andern,
geh schon geh!

Marina Zwetajewa

Lachen lernen

Das Beste, was man im Lauf der Jahre lernen kann, ist vielleicht doch, dass man leichter über sich selber und schwerer über andere lacht.

Eva Strittmatter

Jugendjahre

Die Jugendjahre sind, ohne dass es ein Schriftsteller anfangs weiß, sein wirkliches Kapital.
Was später dazukommt, was man für viel interessanter hält, bringt seltsamerweise nichts ein.

Ingeborg Bachmann

Der kleine Unterschied
Wenn sie jetzt nicht arbeiten,
wo sie zwanzig sind,
wird kein Mensch sie lieben,
wenn sie dreißig sind.

Gertrude Stein

Nicht erst mit sechzig
Es ist gut, dass wir als Kinder
und nicht als sechzigjährige
sture Beamte geboren werden,
die auf ihre Rente warten.

Astrid Lindgren

Epilog

Im Winter des Lebens
zerbricht die Glut
der sommerlichen Leidenschaften.

Ono no Komachi

Beste Schule des Lebens

Der Erfahrungsaustausch
zwischen den Generationen
ist die beste Lebensschule.

Astrid Lindgren

Altern

Altern heißt, sich über sich selbst
klar werden und sich beschränken.

Simone de Beauvoir

So oder so
Das Alter verklärt
oder versteinert.

Marie von Ebner-Eschenbach

Sich ausruhen
Vielleicht misst Gott unsere
Schmerzen und unsere Arbeiten
an den Kräften unserer Jugend,
und vielleicht ist eine Zeit
dafür bestimmt, sich von den
Anstrengungen der Vergangenheit
auszuruhen und sie zu genießen.

George Sand

Die Einsamkeit des Todes
Sehr selten geschieht es,
dass Liebe, Freundschaft
oder Kameradschaft
die Einsamkeit des Todes
überwinden.

Simone de Beauvoir

Alle Menschen sind sterblich
Alle Menschen sind sterblich;
aber für jeden Menschen
ist sein Tod ein Unfall,
und selbst wenn er sich
mit ihm abfindet,
ein unverschuldeter Gewaltakt.

Simone de Beauvoir

Schicksal
Unser aller Schicksal, alt oder auch nur älter zu werden, ist so grausam, dass wir mit enormem Energieaufwand versuchen, unser Altern abzuwenden oder hinauszuzögern.

Doris Lessing

Verluste
Wer die Jugend und das verliert, was die Italiener so hübsch „la stamina“: Schwung, Feuer, Liebesfähigkeit, Schaffenskraft nennen, hat alles verloren.

Simone de Beauvoir

Ohne Leidenschaft leben
Irgendwann erlebt jeder, egal wie gefühllos oder abgestumpft er in seiner Jugend war, was es bedeutet in Entbehrung zu leben, und da wir uns so rasch auf das Alter zu bewegen, ist es nur gut, dass uns das so früh noch nicht klar ist.

Doris Lessing

Trägheit des Herzens
Diese Trägheit des Herzens, die man als gütige Nachsicht, als Weisheit bezeichnet, ist in Wirklichkeit der Tod, der sich in den Menschen einnistet.

Simone de Beauvoir

Nach dem Tod

Eine schlimme Gewohnheit, die Freunde mit Abschiedsblicken zu messen; schlimmer noch, sich vorstellen zu müssen, was sie über unseren nahen Tod einander sagen werden.

Christa Wolf

Angst vor dem Sprung

Der Tod selbst erschreckt mich nicht. Ich habe nur Angst vor dem Sprung.

Simone de Beauvoir

Zeit und Ewigkeit

Gegenwart und Erinnerung
In die Erinnerung drängt sich die Gegenwart ein, und der heutige Tag ist schon der letzte Tag der Vergangenheit.

Christa Wolf

Die Zeit erlischt
Hinter denen,
die diese Welt verlassen,
erlischt die Zeit,
und je älter ich werde,
desto mehr schrumpft
meine Vergangenheit.

Simone de Beauvoir

Vergangenheit

Die Vergangenheit treibt vorwärts.
Alle Keime der Entwicklung in
uns sind von ihrer Hand gesät.

Karoline von Günderode

Unerreichbar

Ich glaube,
selbst die Arme ausgestreckt,
könnte ich den Himmel
nicht berühren.

Sappho

Blüten verändern sich

Die Blüten in den Herzen der
Menschen auf der ganzen Welt
verändern sich.
Auch wenn man das an der Farbe
ihrer Gesichter nicht sieht.

Ono no Komachi

Die Schönheit der Schöpfung

Man muss nur die Augen
aufmachen und sehen wollen.
Dann kann jeder die Schönheit
der Schöpfung erleben.

Astrid Lindgren

Ewigkeit

Eine Stunde, was uns bleibt
an Zeit.
Dann – die Ewigkeit
ohne einander!
Und der Sand der Sanduhr
gleitet – und fließt weg.

Marina Zwetajewa

Die Macht der Dinge

Bekanntlich üben ja Dinge eine große Macht aus. In ihnen versteinert sich das Leben und ist darin gegenwärtiger als in irgendeinem seiner Augenblicke.

Simone de Beauvoir

Leben

Jahre des Sees und der Seele.
Jahre des Schnees von künftigem
Glück.
Auf einmal war alles vorüber.
Schon bleibt die Sonne zurück.
Sie leuchtet noch auf dem Wasser
und blendet vergehenden Schnee
in uns auf.
Dann wird alles immer blasser
und löst sich in Nebel auf.

Eva Strittmatter

Zeitmangel

Nichts macht man richtig zu
Ende.

Christa Wolf

Worte haben ihre Zeit

Was wir uns später
zu sagen haben werden,
können wir nur ahnen, auch
Worte haben ihre Zeit und lassen
sich nicht aus der Zukunft
hervorziehen nach Bedarf.
Zu wissen, dass sie einmal da sein
werden, ist viel.

Christa Wolf

Alles nur geträumt?
Warst du da?
Oder habe ich nur geträumt?
Wenn ich nur geträumt habe,
möchte ich nie mehr erwachen.

Ono no Komachi

Traum und Wirklichkeit
Ist diese Liebe wirklich
oder nur ein Traum?
Keiner weiß es.
Denn Traum und Wirklichkeit
sind da
ohne wirklich zu existieren.

Ono no Komachi

Liebe und Tod

Die Liebe hat einen Triumph
und der Tod hat einen.
Die Zeit und die Zeit danach.
Wir haben keinen.

Ingeborg Bachmann

Wer Gott liebt

Wer Gott liebt,
der ist krank in dieser Welt.
Lang währt sein Leid,
sein Schmerz ist Medizin.
Und wer den großen Schöpfer
wirklich liebt,
irrt durch die Welt
Sein denkend – und sieht Ihn.

unbekannte arabische Dichterin

Lebenswillen
Leben muß man immer wollen, denn wenn der Tod kommt, das ist gerade, wo die Jugend sich mündig fühlt zur Unsterblichkeit…

Bettina von Arnim

Zeit verfliegt
Indem wir die Gegenwart gewahr werden, ist sie schon vorüber, das Bewusstsein des Genusses liegt immer in der Erinnerung.

Christa Wolf

Sprudelndes Leben

Die Adern geöffnet –
nicht aufzuhalten,
unaufhörlich sprudelt es –
das Leben.

Marina Zwetajewa

Kind der Ewigkeit

Die Liebe ist ein Kind der Ewigkeit. Sie verwischt die Erinnerungen an den Anfang und nimmt die Angst vor dem Ende.

Germaine de Staël

Erinnerung an die Vergangenheit

Ein großer Mensch
wirkt nicht nach seiner Weise
in mir fort,
sondern nach meiner Weise,
nach der Art, wie ich ihn aufnehme,
wie ich mich und ob ich mich
seiner erinnern will.

Karoline von Günderode

Kann die Welt auch sinnlos sein?

Wenn es keinen Sinn gibt
Dieses Leben hat gar keinen Sinn,
nein, dies Leben hat gar keinen
Sinn. Ich hab es satt –

Dieses bohrende Fragen,
dieses sengende, drängende
Fragen,
dieses antwortlose Fragen –

Und doch, wenn es
keinen Sinn gibt, weshalb ist
das Blatt so wunderbar schön
vor seinem Tod?

unbekannte tadschikische Autorin

Verpasste Auferstehung
Wenn ein Mensch sagt:
ich bin tot,
nun denn: versuchen wir
ihn auferstehen zu lassen.
Doch wenn ein Mensch sagt:
ich bin tot
und will nicht auferstehen,
was soll ich
mit einem Leichnam anfangen?

Marina Zwetajewa

Allein
Lang allein sein macht so ungerecht gegen alles.

Ingeborg Bachmann

Unglück

Mein Unglück besteht darin,
dass es für mich
keine äußeren Dinge gibt,
Herz und Schicksal
sind alles.

Marina Zwetajewa

Mottenfraß

Protest gegen den Mottenfraß der Häuslichkeit, weil man in einer glücklichen Häuslichkeit sonntags immer die Dachziegel vom Nachbarn zählt.

Bettina von Arnim

Krankheit

Die Krankheit ist der einzige Ausweg in unserer Art von Gesellschaft, die ungeheuren Aggressionen loszuwerden, unter denen der Einzelne früher oder später unweigerlich zusammenbricht.

Ingeborg Bachmann

Zeugen für Katastrophen

Was kein Mensch brauchen kann,
sind Zeugen für Katastrophen,
die ihm das Außersichsein
in Rechnung stellen.

Eva Strittmatter

Zeitalter der Lüge
Die Wahrheit kann
in einem Zeitalter der Lüge
nicht ungeschoren existieren.

Naval El Saadawi

Eine Rübenwurzel sein
Manchmal denke ich daran, es
wäre großartig, alle seine Kleider
in einer großen Schachtel zu lassen
und sich in eine Art
schmutziger Rübenwurzel zu
verwandeln.

Virginia Woolf

Schlechtes Gefühl

Nur Missgeschicke und Widrigkeiten. Krepieren möchte ich manchmal schon. Vor allem: ich höre nicht mehr den Ton aus jenen reinen Jugendzeiten.

Eva Strittmatter

Einsamkeit

Viele Menschen haben nicht die Kraft, anderen etwas zu geben, sie bauen Kälte um sich und leiden schrecklich unter ihrer Isolation.

Margot aus

Maxie Wander: Guten Morgen, du Schöne

Nichts zum Leben
Waschen, bügeln, fegen, die Staubflöckchen unter den Möbeln hervorkehren, damit hält man zwar den Tod auf, kommt aber nicht zum Leben.

Simone de Beauvoir

Sand schaufeln
Ein Mensch kann nicht Sand von einem Haufen auf den andern schaufeln und wieder zurückschaufeln, ohne wahnsinnig zu werden.

Margot aus

Maxie Wander: Guten Morgen, du Schöne

Selbstquälerei

Unser Leben lang sind es unsere Wünsche, unsere Hoffnungen und unsere Ängste, die uns versklaven.

Naval El Saadawi

Unwürdige Welt

Diese unwürdige Welt ist das Ergebnis eines ununterbrochenen Verwerfens der Freiheit.

Ingeborg Bachmann

Viele große Unbekannte

Wie viele große Unbekannte
weiblichen Geschlechts mögen auf
unserer Erde gewandelt haben,
ohne eine Spur zu hinterlassen!
Mit verschlossenen Lippen steigen
die meisten Frauen ins Grab.

Hedwig Dohm

Was vom Leben bleibt

Und dann?
Der Mensch pflanzt, baut, erobert;
Er will, er liebt. Immer gibt es ein
„Und dann?"

Simone de Beauvoir

Gottes Dienerinnen
Dienerinnen hat Gott,
die gleichen dem Regen:
Fallen zur Erde sie,
werden sie Korn,
fallen ins Meer sie,
werden sie Perlen.

Lale Müldür

Die Göttliche

Die Schildkrötenschale
der Götter – die Lyra –
meine Musik wird sie
zum Sprechen bringen.

Sappho

Weder Laster noch Tugend

Es steht der Mensch in der Blüte
der Jugend,
umkreist vom ewigen Wirbel der
Zeit,
ihn zieht das Laster, ihm winkt
die Tugend,
er wählt und ist keinem zu folgen
bereit.

Annette von Droste-Hülshoff

Weise werden

Weise werden heißt nicht,
dass man Dinge nicht mehr
oder schwächer empfindet,
im Gegenteil, man fühlt
intensiver, je älter man wird.
Weise werden heißt nur, dass
man die Erlebnisse umwandeln
und einordnen kann und
dadurch wird einem das Leben
schließlich doch leichter.

Eva Strittmatter

Die Uridee

Die Liebe steht über dem Gesetz
und über den Überzeugungen der
Menschen. Sie ist die Wahrheit,
die Flamme, das reine Element –
Die Uridee der moralischen Welt.

Germaine de Staël

Im Angesicht Jesu

So tret ich denn in Jesu Namen,
mein Schöpfer vor dein Angesicht;
wo stehn die Blinden und
die Lahmen, dort ist mein Platz
und mein Gericht.

Annette von Droste-Hülshoff

Literatur (Auszug)

Ingeborg Bachmann: Werke in vier Bänden. © Piper Verlag GmbH (Serie Piper 1700), München 1993
Sarah Kirsch: Sämtliche Gedichte. © Deutsche Verlags-Anstalt, München 2005
Astrid Lindgren: Das Paradies der Kinder. edition q im be.bra verlag, Berlin 2002
Brigitte Reimann: Franziska Linkerhand. Ungekürzte Neuausgabe. (Nachwort Withold Bonner. Bearbeitung und Nachbemerkung Angela Drescher) © Aufbau Verlagsgruppe GmbH, Berlin 2000
Brigitte Reimann, Christa Wolf: Sei gegrüßt und lebe. Eine Freundschaft in Briefen 1964-1973, hrsg. von Angela Drescher © Aufbau Verlagsgruppe GmbH, Berlin 1993

Namensverzeichnis

Christine Aguga (1968-2001) war Lehrerin in Uganda. Sie erkrankte an Aids und hat in ihrer Sterbephase ein Erinnerungsbuch für ihre Tochter Evelyn geschrieben. Darin berichtet sie von ihrer Lebens- und Leidensgeschichte und gibt Evelyn Ratschläge für ein gutes Leben. Christines Memory Book kann nachgelesen werden in: Henning Mankell: Ich sterbe, aber die Erinnerung lebt.

Bettina von Arnim (1785-1859), gebürtige Brentano, lebte nach dem Tod beider Eltern bis zum 13. Lebensjahr im Ursulinenkloster

Fritzlar, danach bei ihrer Großmutter Sophie La Roche, die als erste deutsche Schriftstellerin einen Briefroman veröffentlichte. Neben der Großmutter und deren Schriftstellerfreunden (z.B. Herder) prägten vor allem der Bruder Clemens Brentano, die Freundin Karoline von Günderode und die Mutter Goethes ihre Entwicklung. Aber erst nach dem Tod ihres Mannes Achim von Arnim konnte sie sich als Schriftstellerin profilieren. Sie setzte sich schreibend mit den sozialen Problemen ihrer Zeit auseinander. Ihr „Armenbuch“ (1844) gehört zu den ersten sozial-politischen Arbeiten in Deutschland. Weitere Werke „Die Günderode“, „Goethes Briefwechsel mit einem Kinde“, „Königsbuch“.

Ingeborg Bachmann (1926-1973) ist die bedeutendste österreichische Lyrikerin und Erzählerin des 20. Jahrhunderts. Sie wurde in Klagenfurt geboren und studierte in Wien Philosophie. Nach ihrer Promotion über den Existenzphilosophen Martin Heidegger ging sie nach Italien, wo sie die meiste Zeit ihres Lebens verbrachte und in Rom an den Folgen eines Brandunfalls starb. Zu ihren wichtigsten Werken gehören der Gedichtband „Die gestundete Zeit“, der Roman „Malina“ und das Opernlibretto zum „Prinzen von Homburg“ von Hans Werner Henze.

Simone de Beauvoir (1908-1986) wurde in Paris in einer bürgerlichen Familie geboren. Sie arbeitete nach dem Philosophiestudium zunächst als Lehrerin, bevor sie gemeinsam mit ihrem Lebensgefährten Jean-Paul Sartre zu einer wichtigen Repräsentantin der französischen Literatur- und Philosophieszene des 20. Jahrhunderts avancierte. Zu ihren bevorzugten Themen gehörten die Gleichberechtigung der Geschlechter, Freiheit und Liebe sowie Sterben und Tod. Besondere Anerkennung erhielt Simone de Beauvoir für ihre Bücher „Das Alter" sowie „Der sanfte Tod".

Hedwig Dohm (1831-1919) setzte sich als Mutter von fünf Kindern in ihren Schriften für die Selbstbestimmung der Frau ein. Sie wurde in einer jüdischen Familie in Berlin geboren und erlebte als junges Mädchen am Fenster der elterlichen Wohnung den Beginn der Revolution von 1848. Nach einer Lehrerinnenausbildung heiratete Hedwig 1850 den Redakteur der satirischen Zeitschrift „Kladderadatsch" Ernst Dohm und fand durch ihn Zugang zu Künstlerkreisen in Berlin und zum eigenen Schreiben. Ihre wichtigste Schrift trägt den Titel „Der Frauen Natur und Recht".

Annette von Droste-Hülshoff (1797-1848) entstammte einer adligen Familie aus dem Münsterland. Sie schrieb bereits als Kind Gedichte und entschloss sich nach einer unglücklichen Liebe nicht zu heiraten. In ihren Balladen und Liedern wie z.B. dem Epos „Die Schlacht im Löhner Bruch“ erzählt sie von der landschaftlichen Schönheit ihrer westfälischen Heimat.

Marie von Ebner-Eschenbach (1830-1916) wurde als Gräfin Dubsky auf dem mährischen Schloss Zdislawitz geboren, heiratete mit 18 den 15 Jahre älteren Cousin Moritz von Ebner-Eschenbach, der ihren Bildungsdrang unterstützte. 1856 folgte der Umzug nach Wien.

Während ihre dramatischen Arbeiten erfolglos blieben, fanden dagegen ab 1876 mit Erscheinen des Kurzromans „Bozena, die Magd" ihre Erzählungen wachsende Anerkennung. Darin wird mit großem Erzähltalent und unverwechselbarem Stil Kritik an der Gesellschaft geübt. 1899 erhielt sie als erste Frau das österreichische Ehrenzeichen für Kunst und Wissenschaft. Ihre zahlreichen Novellen, Erzählungen und Aphorismen sind noch heute lesenswert („Ohne Liebe", 1888, „Am Ende", 1895).

Parwin Etesami (1907-1941)
war eine der bekanntesten iranischen Lyrikerinnen des 20. Jahrhunderts. Sie setzte sich für die Gleichberechtigung der Frau im Islam ein.

Weitere Themen ihrer Lyrik waren Frieden, Natur und Freundschaft sowie die Stellung des Menschen im Kosmos.

Karoline von Günderode
(1780-1806) war sowohl Dichterin als auch Philosophin. Sie musste als junges Mädchen nach dem Tod des Vaters in ein Damenstift umziehen, wo sie sich „lebendig begraben“ fühlte. Nach einer unglücklichen Liebe zu dem verheirateten Altertumsforscher Friedrich Creuzer nahm sie sich am Ufer des Rheins das Leben.
Karoline von Günderode schrieb Gedichte, Kurzprosa und philosophische Essays, nachzulesen in „Der Schatten eines Traumes“. Ihre wich-

tigsten Themen betreffen die Liebe und den Tod, eine gerechte Gesellschaft, Träume und die Frage nach dem guten Leben.

Padishah Khatun (gest. 1316) galt schon zu Lebzeiten als eine berühmte persische Dichterin. Ihr Vater war der Sultan von Kirman. Gerühmt wurden von ihren Zeitgenossen insbesondere ihre makellose Schönheit und die große Ausdruckskraft ihrer Sprache.

Sarah Kirsch (geb. 1935) wuchs in Limlingerode im Harz auf. Sie studierte zunächst Biologie und dann Literatur am Institut für Literatur Johannes R. Becher in Leipzig. Danach arbeitete sie in ver-

schiedenen Betrieben und Berufen, bevor sie 1977 die damalige DDR verließ.
Sarah Kirsch schreibt vorwiegend Gedichte, aber auch Prosa und hat sich als Übersetzerin, u.a. von Anna Achmatowa, einen Namen gemacht. Zu ihren bekanntesten Gedichtbänden gehört „Katzenkopfpflaster".

Ono no Komachi (834-880)
war eine der berühmtesten japanischen Lyrikerinnen. Sie wird in Japan zu den „Sechs Heiligen des Liedes" gezählt, obwohl über ihre Lebensumstände nur wenig bekannt ist. So soll sie einer Schriftstellerfamilie aus dem Ort Ono entstammen und am Hof des Kaisers Nim-

mei wegen ihrer großen Schönheit und Klugheit verehrt worden sein. Ono no Komachi hat vorwiegend in der fünfzeiligen japanischen Versform des Tanka geschrieben. Ihre wichtigsten Themen sind Traum und Wirklichkeit sowie Liebe und Vergänglichkeit.

Doris Lessing (geb. 1919) wurde in Kermanshah im Iran als Tochter eines englischen Offiziers geboren. Sie wuchs auf einer Farm in Südrhodesien (heute Simbabwe) auf, bevor sie 1949 als geschiedene Mutter ohne ihre Kinder nach England ging. Viele ihrer 172 Werke, die Lyrik, Prosa und autobiografische Schriften umfassen, wurden durch ihre Erfahrungen in Afrika geprägt.

Sie behandeln Themen wie Rassendiskriminierung, Einsamkeit des Farmerlebens oder die Schönheit der afrikanischen Landschaft. Zu ihnen gehören beispielsweise die Romane „Afrikanische Tragödie" und „Rückkehr nach Afrika". Doris Lessing erhielt 2007 den Nobelpreis für Literatur.

Astrid Lindgren (1907-2002) wurde – wie sie später selbst sagte – in einer glücklichen bäuerlichen Großfamilie in Näs bei Vimmerby in Schweden geboren. Die in ihrer Kindheit erfahrene Liebe hat sie als Mutter und Schriftstellerin an die eigenen Kinder weitergegeben und in zahlreichen Kinderbüchern aufleben lassen. Ihr berühmtestes Buch ist „Pippi Langstrumpf". Es erzählt vom Freiheitsdrang der Kinder, die sich mit List und Phantasie in der Welt der Erwachsenen zu behaupten versuchen. In Deutschland erschienen darüber hinaus Interviews mit der schwedischen Autorin, u.a. in dem Buch „Astrid Lindgren – Das Paradies der Kinder."

Lale Müldür (geb. 1956)
gehört zu den bekanntesten türkischen Dichterinnen der Gegenwart. In deutscher Sprache erschienen von ihr Gedichte in dem „Buch der Freude", das von der Islamwissenschaftlerin Annemarie Schimmel herausgegeben wurde.

Stanka Pencheva (geb. 1941) ist eine der wichtigsten bulgarischen Lyrikerinnen der Gegenwart. In Deutschland wurde sie vor allem mit dem Gedichtband „Ein Blatt im Wind“ bekannt.

Christine de Pizan (1365-1430) lebte als erste Schriftstellerin des Mittelalters von ihren Einkünften als Autorin. Sie wurde in Venedig als Tochter des Philosophie- und Astrologieprofessors Tommaso da Pizzano geboren. Als ihr Vater 1368 an den Hof des Königs Karl IV. als Leibarzt und Hofastrologe berufen wurde, siedelte die Familie nach Paris um, wo Christine mit den Kindern des Königs spielte. Sie heiratete einen königlichen Sekretär und stand nach dessen Tod mit 25 Jahren mit drei Kindern mittellos da. Um ihre Kinder zu ernähren, begann sie fremde Bücher abzuschreiben. Später verfasste sie selbst Gedichte und ca. 15 Bücher. Das bekannteste heißt „Stadt der Frauen“ und widmete sich dem Thema Gerechtigkeit zwischen den Geschlechtern.

Brigitte Reimann (1933-1973) war nach Abschluss des Abiturs als Lehrerin und in weiteren Berufen tätig, bis sie nach Erscheinen ihres ersten Buches 1955 als freie Autorin arbeitete. 1960 zog sie nach Hoyerswerda und ging „in die sozialistische Produktion“. Zahlreiche Werke entstanden in dieser Zeit – Hörspiele,

Erzählungen über das wirkliche Leben, mit denen sie sich als anerkannte Schriftstellerin einen bleibenden Platz in der Literatur geschaffen hat. Posthum wurden in den neunziger Jahren ihre Tagebücher und der Briefwechsel mit Christa Wolf veröffentlicht. Ihre wichtigsten Werke sind: Ankunft im Alltag; Die Geschwister; Franziska Linkerhand.

Naval El Saadawi (geb. 1931) wurde in einem kleinen Dorf am Nil in einer streng muslimischen Familie geboren und im Kindesalter beschnitten. Nach dem Studium der Medizin ließ sie sich zur Psychiaterin ausbilden und lebt heute als freie Schriftstellerin mit ihrem dritten Mann in Kairo. Sie gründete 1982 die Arabische Frauensolidaritätsbewegung, nachdem sie 1970 ihr erstes Buch „Frauen und Sex“ veröffentlicht hatte. Saadawis erster Roman trägt den Titel „Liebe im Königreich des Öls“ (1991). Ihre zahlreichen Erzählungen, Sachbücher und Romane wurden in 12 Sprachen übersetzt. El Saadawi lehrt auch als Gastprofessorin an verschiedenen internationalen Universitäten.

George Sand (1804-1876)
hieß eigentlich Amantine Lucile Aurore Dupin, verheiratete Baronin Dudevant. Sie war bereits zu Lebzeiten eine berühmte französische Schriftstellerin und schockierte die

damalige Öffentlichkeit durch ihre zahlreichen Liebesbeziehungen, u.a. mit Frédéric Chopin und Alfred de Musset. Ihr Werk umfasst 109 Bände. Zu den wichtigsten Themen gehören die Gleichberechtigung der Geschlechter, die freie Liebe und die Selbstverwirklichung der Frau. Diese Themen finden vor allem in ihrem Buch „Meine Lebensbeichte" ihren Niederschlag.

Sappho (geb. im 6. Jahrhundert v. Chr.) wird neben der Philosophin Theano von Kroton (6. Jahrhundert v. Chr.) als eine der berühmtesten Frauen der griechischen Antike verehrt. Sie lebte auf der Insel Lesbos, wo sie eine spezielle Schule für Mädchen gründete. Ihre Gedichte rühmen die Liebe, auch zwischen Frauen, und erzählen von Sehnsucht, verpassten Gelegenheiten und der Achtung vor den Göttern.

Germaine de Staël (1766-1816) wurde das literarische Talent bereits in die Wiege gelegt, denn ihre Mutter führte in Paris einen literarischen Salon. Ihr verbot der Ehemann das Schreiben. Dies galt jedoch nicht für seine Tochter Germaine, die bereits mit 12 Jahren fiktive Briefe an ihr großes Vorbild Rousseau verfasste. Nach einer Vernunftehe mit dem verarmten schwedischen Botschafter Baron de Staël-Holstein gebar sie fünf Kinder, die von unterschiedlichen Liebhabern stammten. Sie veröffentlichte mehrere Schriften, u.a. ihr Buch „Über Deutschland“, in dem sie die deutschen Dichter und Denker rühmte.

Gertrude Stein (1874-1946) wuchs in einer jüdischen Familie in den USA auf und siedelte dreißigjährig nach Paris über. Dort führte sie einen Kunstsalon, in dem sich die Künstler der Avantgarde trafen, unter ihnen auch Picasso, mit dem Gertrude Stein ein Leben lang befreundet war. Zu ihren wichtigsten deutschsprachigen Veröffentlichungen gehört das Buch. „Autobiographie von Alice B. Toklas“, in der sie das Pariser Leben in den 30er Jahren beschreibt.

Eva Strittmatter (geb. 1930) wurde in Neuruppin geboren und arbeitete nach dem Studium der Germanistik und Romanistik zunächst freiberuflich als Lektorin im Schriftstellerverband und in einem Kinderbuchverlag. Sie heiratete in zweiter Ehe den in der DDR sehr bekannten Schriftsteller Erwin Strittmatter, mit dem sie sich im märkischen Schulzenhof niederließ. Zu ihren vielgelesenen Büchern gehören die „Briefe aus Schulzenhof" sowie zahlreiche Lyriksammlungen u.a. „Atem" und „Zwiegespräch".

Maxie Wander (1933-1977), als Kind einer Arbeiterfamilie in Wien geboren, zog 1957 mit ihrem Mann Fred Wander in die DDR.
Sie übte verschiedene Tätigkeiten aus, wollte immer schreiben und fand erst spät ihr Thema, den Namenlosen, den ganz normalen Leuten ihre Stimme zu leihen. Frauen unterschiedlichster Herkunft und Alters gab sie in ihrem Buch „Guten Morgen, du Schöne" ein Forum.

Christa Wolf (geb. 1929)
gehört zu den wichtigsten deutschen Schriftstellerinnen der Gegenwart. Sie wurde in Landsberg an der Warthe geboren und studierte in Jena und Leipzig Germanistik.

Nach Tätigkeiten als Redakteurin lebt sie seit 1962 als freiberufliche Autorin in Berlin und wurde für ihr Schaffen mit zahlreichen Preisen ausgezeichnet, u.a. mit dem Heinrich-Mann-Preis. 1990 verlieh ihr die Universität Hildesheim die Ehrendoktorwürde.
In den 80er Jahren hielt Christa Wolf bereits Gastvorlesungen in den USA, Italien und der Schweiz. Zu ihren berühmtesten Büchern gehören „Der geteilte Himmel“, „Kassandra“ und „Medea“.

Virginia Woolf (1882-1941) war eine der bekanntesten englischen Schriftstellerinnen des 20. Jahrhunderts. Sie wuchs in einer

Londoner Schriftstellerfamilie auf und erkrankte schon im Jugendalter an Depressionen, die nach zahlreichen Klinikbehandlungen die Ursache für ihren Selbstmord waren. Bedingt durch ihr eigenes Leiden und die Bekanntschaft mit der Bewusstseinsphilosophie von G. E. Moore stehen in ihren Romanen die geistigen Erfahrungen ihrer Heldinnen und Helden im Vordergrund. Neben Essays zum Feminismus wurden im deutschsprachigen Raum vor allem ihre Romane „Der Fleck an der Wand“ und „Wellen“ bekannt.

Marina Zwetajewa (1892-1941) ist neben Anna Achmatowa die bedeutendste russische Dichterin des 20. Jahrhunderts. Sie wuchs in Moskau auf und war sowohl mit dem russischen Lyriker Boris Pasternak (Doktor Schiwago) als auch mit Rainer Maria Rilke befreundet. Sie beging 1941 während des Zweiten Weltkrieges Selbstmord. Zwetajewas Themen sind Russland und die russische Seele, Liebe und Liebesleid, Kinder, Glück und der Sinn des Lebens. In deutscher Sprache erschienen u.a. „Mutter und die Musik" (Prosa) und „Ausgewählte Werke in drei Bänden" (Briefe, Gedichte und Kurzprosa).

Aus dem lieferbaren Mini-Angebot

Kochbüchlein

Alles vom Ei • Apfelbüchlein
Berlin & Mark Brandenburg kulinarisch
Neues Bierbüchlein • Braten-Rezepte
Champignon & Co. • Essen von der Wiese
Gemüseraritäten • Grillbüchlein • Holunderrezepte
Honig – gesunder Genuss • Kaffeebüchlein
Käsebüchlein • Kleines Kartoffelbuch
Neues Nudelbüchlein • Noch mehr knackige Salate
Obstexoten • Ostpreußen-Kochbüchlein
Pommern kulinarisch • Sachsen kulinarisch
Sachsen-Anhalt kulinarisch • Sanddorn-Rezepte
Saucen-Rezepte • Schlesisches Kochbüchlein
Schokoladenbüchlein • Sektbüchlein
Spargel-Rezepte • Thüringen kulinarisch
Weinbrevier • Whiskybüchlein • Wild-Rezepte

Pflanzenbüchlein

Faszination Rosen • Heilkräuterbüchlein
Mythos Ginkgo (auch als engl. Ausgabe)
Kamelienbüchlein • Kleine Pilzkunde
Küchenkräuter • Naturapotheke
Tulpenbüchlein • Wildobst

Der besondere Band

Hans Christian Andersen • Auf der Sächsischen Burgen- und Schlösserstraße • Auf der Sächsischen Weinstraße • Das kleine Bach-Büchlein (auch als engl. Ausgabe) • Beloved Sisi • Berlin für die Westentasche • Burgen und Schlösser im Erzgebirge Wilhelm Busch • Dresden für die Westentasche Dresden in Pocket Size • Engel unterwegs

Erfurt für die Westentasche
Erzgebirgisches Weihnachtsbüchlein
Fairy Tale King Ludwig • Faust-Zitate
Frauen-Weisheit • Fürst Pückler
Geliebte Sisi • Glanz des Schönen
Goethe-Zitate • Die grüne Fee: Absinth
Halle für die Westentasche • Heine-Zitate
Heilende Steine • Heiter bis wolkig.
Vom Wetter • Ich hab dich so lieb
Jüdische Feste, Geschichte(n) & Gerichte
Das kleine Kamasutra • Katzenbüchlein
Kinder sind die besten Philosophen
Leipzig für die Westentasche
Leipzig in Pocket Size
Magdeburg für die Westentasche
Märchenkönig Ludwig II.
Wolfgang Mattheuer • Karl May
Meerschweinchen-Büchlein • Claude Monet
Wolfgang Amadeus Mozart
(auch als engl. Ausgabe)
München für die Westentasche • Nietzsche-Zitate
Parks & Gärten in Sachsen-Anhalt
Pferdebüchlein • Philosophinnen-Sprüche
Rainer Maria Rilke • Joachim Ringelnatz
Sandmännchen-Büchlein • Schiller-Zitate
Shakespeare-Zitate • August Strindberg
Lene Voigt. Weibergespräche
Weimar für die Westentasche • Weisheiten der Welt
Wetter- & Bauernregelbüchlein • Heinrich Zille

BuchVerlag für die Frau
Gerichtsweg 28 • 04103 Leipzig